Die Vorbildung der Juristen.

Die Vorbildung der Juristen.

Von

Ernst Zitelmann.

Leipzig,
Verlag von Duncker & Humblot.
1909.

Alle Rechte vorbehalten.

Altenburg, S.-A.
Pierersche Hofbuchdruckerei
Stephan Geibel & Co.

Die nachfolgenden Blätter enthalten die erweiterte Niederschrift eines Vortrags, der am 16. März 1909 in der Juristischen Gesellschaft in Bonn gehalten wurde. Ein kurzer Auszug erschien bereits in der „Deutschen Juristen-Zeitung" vom 1. Mai 1909 unter der Überschrift „Was not tut".

Ich werbe für den Gedanken, die Vorbildung der Juristen derart neu zu gestalten, daß Universitätsstudium und praktischer Vorbereitungsdienst in zweimaliger Folge miteinander abwechseln. Dieser Gedanke ist schon öfter, so besonders von unserem unvergeßlichen Dernburg, ausgesprochen worden, aber in seiner Wichtigkeit hat man ihn noch nicht genügend erkannt; ist er doch, so viel auch von Verbesserungen in der Vorbildung der Juristen immer noch geredet wird, in der öffentlichen Erörterung kaum noch lebendig. Das erklärt sich aus der Art, wie er in den bisherigen Vorschlägen ausgestaltet worden ist. Mit Vorteil durchführbar ist er nur, wenn sich ihm ein anderer Gedanke vereint: die Zerlegung des Universitätsunterrichts in zwei Abschnitte darf nicht nach Gegenständen, sondern muß in der Weise geschehen, daß die gesamte Rechtslehre zuerst elementar und dann für alle Zweige noch einmal technisch vertieft erfolgt.

I.

Wer eine so einschneidende Änderung empfiehlt, muß, der Mahnung „quieta non movere" eingedenk, nachweisen, daß der vorhandene Zustand schwere Nachteile hat, Nachteile, die nicht länger ertragen werden können; sodann hat er darzulegen, daß gerade die vorgeschlagene Neuordnung ein geeignetes Mittel zur Hebung jener Nachteile wäre.

Dieser doppelte Nachweis läßt sich nun wie mir scheint von drei Seiten erbringen.

Vor allem — man muß hier wieder einmal laut reden — verfehlen die juristischen Fakultäten als Lehranstalten heute ihren wesentlichen Zweck, da die Studierenden in großer Zahl, ja ich fürchte, sagen zu müssen, in der Mehrzahl von den Lehreinrichtungen und Lehrmitteln der Universität keinen oder nur mangelhaften Gebrauch machen. Es ist ein offenes Geheimnis, daß die Vorlesungen und Übungen, besonders die ersteren, tatsächlich, d. h. im Verhältnis der Eingeschriebenen zu den wirklich Kommenden, sehr schlecht besucht werden. Das mag von Universität zu Universität und innerhalb einer Universität von Dozent zu Dozent verschieden sein, mehr oder weniger trifft es überall zu. Jedem Ausländer fällt dies als ein Hauptcharakteristikum unserer Universitäten auf. „Les étudiants allemands désertent les cours", schreibt neulich ein junger gut beobachtender Franzose, wobei er freilich nur die Vorlesungen, nicht die Übungen im Auge hat. Man sollte nur einmal eine wirklich unbefangene Statistik über den Besuch aufnehmen und sich nicht auf bloße Schätzungen verlassen — erschreckende Ziffern würden ans Licht kommen. Auch heute noch beginnen zahlreiche Studierende die Beschäftigung mit der Rechtswissenschaft erst nach anderthalb oder gar zwei Jahren, und dann holen sie nicht etwa die versäumten Vorlesungen nach, sondern sie besuchen nun, falls sie überhaupt den Universitätsunterricht benutzen, diejenigen Vorlesungen, die sie besuchen müßten, wenn sie die vorangegangenen Semester bereits ordnungsmäßig studiert hätten. Selbtverständlich ist ein solcher Vorlesungsbesuch so gut wie ganz nutzlos — sie bauen eben auf Sand! Die meisten fahren denn auch mit dem Nichtbesuch der Vorlesungen fort und beteiligen sich dafür an den vielbesprochenen, von Nichtangehörigen der Universität abgehaltenen Vorbereitungskursen — schönrednerisch „Repetitorien" genannt, obwohl nichts da ist, was wiederholt werden könnte. Soll die Vorbereitung in einem Jahre gezwungen werden, so bleibt eben kein anderer Weg als dieser übrig. Sicherlich sind es unter den Studierenden nicht bloß schlechte, sondern auch nach Herkunft und Lebensform, nach Lebenskraft und geistiger Begabung besonders wertvolle Elemente, die auf diese Weise die Universität verlassen, ohne von ihrem wissenschaftlichen Leben auch nur das mindeste gehabt zu haben.

Das ist doch nun ein seltsames Bild: auf der einen Seite mit großem Geldaufwand erhaltene und mit Lehrmonopol ausgestattete staatliche Lehranstalten, die nicht benutzt werden, auf der anderen Seite staatlich nicht anerkannte, außerhalb der Universität stehende Vorbereitungskurse, in denen die jungen Juristen ihre Bildung suchen. Sieht man diese Tatsache mit entschlossenem Willen zur Klarheit an, so muß man zu der Alternative kommen: entweder geht es auch auf diese Weise — dann sind die juristischen Fakultäten als Lehranstalten entbehrlich, der Geldaufwand für sie läßt sich sparen und sie sollten als Lehranstalten sobald wie möglich aufgehoben werden; oder die theoretische Vorbereitung unserer Juristen ist mangelhaft — dann müssen Mittel und Wege gefunden werden, sie zu bessern.

Die erste Seite dieses Entweder—Oder ist zu verneinen. Daß eine irgendwie zu gewinnende wissenschaftliche Vorbildung unserer Juristen unerläßlich ist, wird im Grunde wohl überall anerkannt; selbst wenn sie für manche der Tätigkeiten, die heute noch insbesondere den Richtern obliegen, an sich wohl entbehrlich wäre, so ermöglicht doch nur sie diejenige Entwicklung der geistigen Persönlichkeit und gewährt die geistige Freiheit, deren der höhere Beamte in seiner übergeordneten Stellung durchaus bedarf. Ebenso muß aber anerkannt werden, daß diese Vorbildung nur auf staatlichen Lehranstalten genügend gewonnen werden kann.

Ich denke dabei nicht an die Prinzen aus Genieland, deren Vorbildung überhaupt unter keine Regel gestellt zu werden braucht, ja auch nicht an die oberste Schicht der geistig Auserwählten, sondern an den Durchschnitt der jungen Männer, die dem Staat künftig als Juristen dienen wollen. Wie aber sollen sie die nötige wissenschaftliche Bildung erhalten, wenn nicht durch den Universitätsunterricht? Etwa durch jene „Wiederholungskurse"? ich will sie hier nicht schelten, meines Erachtens läßt sich ihre Beurteilung nicht im Vorübergehen abtun, sie bedürften einmal einer eingehenden vorurteilsfreien Würdigung, aber jedenfalls ist das sicher: sie können ihrer Natur nach, d. h. wenn sie etwas anderes sein wollen als die Universitätsvorlesungen, im wesentlichen nur Gedächtniskenntnisse übermitteln und befestigen und die Arbeitsgewohnheit wiederherstellen; sie mögen also den Universitätsunterricht wohl ergänzen — ersetzen können sie ihn nicht. Ebensowenig aber können das die für Referendarien an den Landgerichten eingerichteten Übungen, das wird wohl kein Einsichtiger bezweifeln; Lehren ist auch eine Kunst, und eine sehr schwere, eine Kunst, in der man ganz leben muß, um sie wirklich fruchtbar ausüben zu können. Auch Fortbildungskurse, wie sie in Berlin und Köln eingerichtet sind, können dem Bedürfnis nicht genügen: sie sind zu kurz und zu vereinzelt, und allzuwenige Personen sind es, denen Mittel und Zeit gestatten, daran teilzunehmen. Es bleibt der Weg, durch die Praxis selbst und durch eigenes Studium das Versäumte zu ersetzen. Indes die Praxis gibt eben nur einzelnes und kann gerade die großen gedanklichen Zusammenhänge und das Systematische der Bildung nicht liefern; das Selbststudium aber erfordert viel mehr Mühe und Zeit als der sachgemäß geleitete Unterricht und setzt ein Maß an Willensanspannung voraus, das wir nicht überall, ja nicht einmal durchschnittlich erwarten dürfen. Erkennt man demnach überhaupt eine wissenschaftliche Vorbildung der Juristen als notwendig an, so muß auf eine bessere Benutzung der Universitätszeit hingewirkt werden.

Manche — und es sind keineswegs bloß Universitätslehrer, die so denken — finden den Grund für den Unfleiß der Studierenden lediglich in deren mangelndem Pflichtgefühl und empfehlen daher in verschiedenartiger Weise Zwangsmaßregeln, um sie zu größerem Fleiß anzuhalten. Die schöne Studienfreiheit, die Freude, sich selbst den richtigen Weg zu suchen, Maß und Art der Pflichterfüllung sich selbst zu wählen, ist dabei vielfach beschnitten worden — und ich meine, nicht zum Heil der Sache. Damit hat auch der Wetteifer unter den Dozenten und ihre Freude am Lehrerfolg notwendig abgenommen. Der ganze Betrieb, wie er gegenwärtig besteht, — mit der in den letzten Studiensemestern tatsächlich eintretenden Bindung der Studenten an eine bestimmte Universität, mit dem Zwang, schriftliche Arbeiten anfertigen zu müssen (deren Selbständigkeit der Dozent zu beurteilen nicht einmal in der Lage ist), und dem daraus folgenden Bestreben der Studierenden, möglichst viele und volltönende Übungszeugnisse dem Prüfungsgesuch beilegen zu können, mit dem Verlangen einer „Ordnungsmäßigkeit" des Studiums, das in bezug auf die Reihenfolge der zu hörenden Vorlesungen und Übungen fast wie eine Zwangsregelung wirkt, — ist unendlich viel schulmäßiger geworden als er noch in meiner Jugend war. Mancher mag ja durch diese Einrichtungen zu etwas mehr Hörsaalbesuch bewogen werden, aber die Nachteile dieses Zwanges sind, wie ich glaube, größer als seine Vorteile, und in der Hauptsache ist nicht viel geholfen. Innere Teilnahme, auf die alles ankommt, läßt sich nicht erzwingen. Und wenn über den Mangel an Pflichtgefühl geklagt wird, so ist doch zu entgegnen: das Menschenmaterial, mit dem wir zu arbeiten haben, ist geradezu vorzüglich; die auf die Universität kommen, waren in der großen Mehrzahl pflichteifrige Schüler und werden später pflichteifrige Männer —

warum sind sie pflichtlose Studierende? Mir scheint doch, es genügt nicht, diese Tatsache bloss zu konstatieren man muß vielmehr versuchen, ihre tieferliegenden Ursachen aufzudecken.

Andere — sie stehen zumeist außerhalb der Universität — haben den Universitätslehrern die Schuld gegeben. Sie mögen zum Teil Recht haben; nicht alles ist wie es sein sollte. Von der unzweckmäßigen Studienordnung, die an unseren Universitäten befolgt wird, soll nachher noch die Rede sein: den einzelnen Rechtslehrer trifft hier keine Schuld, da er für sich sie nicht ändern kann. Indes auch davon abgesehen: mancher hat über dem Gelehrtenberuf den Lehrberuf vernachlässigt, und nicht jeder große Gelehrte braucht auch Lehrgabe zu haben — nicht jedem gibt der Himmel alle seine Geschenke! Form der Vorlesungen und Auswahl des Stoffes entsprechen dem Zweck nicht immer; es geziemt uns, selbst dies zu sagen, damit es nicht andere desto peinlicher geltend machen. Aber doch, auch bei anerkannt ausgezeichneten Lehrern, die sich für ihren Lehrberuf ganz opfern und mit allen Kräften der Seele um die sachliche Teilnahme der Studierenden werben, bleibt der Erfolg weit hinter dem zu wünschenden zurück.

Nein, der Hebel ist wo anders anzusetzen: wir brauchen die Schuldfrage hüben und drüben nicht zu stellen, der Hauptgrund für jene beklagenswerte Erscheinung muß vielmehr in der sachlichen Einrichtung selbst gelegen sein.

Der junge, gesunde, kraftvolle und unverbildete Mann, der von der Schule kommt, ist durchschnittlich überhaupt theorieunlustig: allzu lange schon hat ihn rein theoretisches Lernenmüssen festgehalten, er hungert nunmehr nach Wirklichkeit. Liebe zum erwählten Fach und Erkenntnis der Notwendigkeit des theoretischen Studiums könnten nun zwar helfen, diese Theorieunlust zu überwinden, aber beides fehlt dem jungen Juristen fast immer. Woher sollte es auch kommen? Liebe zum Fach? Es ist wohl nicht zu bezweifeln, daß die jungen Juristen ihren Beruf, von dessen wirklichem Inhalt sie ja auch nur so wenig wissen können, in der großen Mehrzahl lediglich aus äußerlichen Gründen oder mangels einer bestimmten nach anderer Seite hin weisenden Neigung ergreifen. Und nun gar die Erkenntnis der Notwendigkeit des **theoretischen** Studiums! Von allen Wissenschaftsfächern ist die Jurisprudenz in ihrer Eigenschaft als Studiengegenstand, wie leicht erklärlich ist, das unbekannteste. Wohl mag der von der Schule Kommende eine gewisse Vorstellung von der späteren praktischen Berufstätigkeit des Juristen besitzen, aber von dem Rechtsstudium hat er — das ist eine allgemeine Erfahrung — entweder überhaupt keine oder eine unrichtige Vorstellung. Auf der Universität aber werden ihm zunächst scheinbar ganz lebensferne theoretische Dinge geboten — warum er die studieren soll, weiss er nicht. Und er erfährt es gewöhnlich auch durch den Unterricht selbst nicht. Leicht ist es, einem jungen Mediziner klar zu machen, daß er ohne gründliche Kenntnisse der Anatomie und Physiologie kein tüchtiger Arzt werden kann; wie aber soll man den jungen Juristen davon überzeugen, daß es im Interesse seiner späteren praktischen Berufstätigkeit liegt, wenn ihm so viel Geschichtliches gelehrt wird, wenn ihm immer schärfer ausgearbeitete Begriffe, immer feinere Unterscheidungen vorgetragen, wenn ihm verwickelte Konstruktionen und Verschiedenheiten theoretischer Erklärung vorgetragen werden? Daß eine gute theoretische Vorbildung unerläßlich ist, das können wir den jungen Studierenden nicht beweisen, sie müssen es glauben, und bloß zu glauben, wo sie keine Beweise finden, pflegen sie nicht geneigt zu sein. So kommt es — und hierin sehe ich einen Hauptgrund der heutigen mißlichen Zustände —, daß weite Kreise der jungen Studierenden das theoretische Studium der Rechte von vornherein geradezu für **überflüssig** halten. Leider hören sie auch nicht selten von Älteren, die vielleicht selbst gute Juristen geworden sind, aber vergessen haben, wieviel sie der Theorie schuldig sind, abschätzig von ihr sprechen — von den Juristen, die ungebildet geblieben sind und nur äußerlich ihr Amt ausfüllen, ganz zu schweigen. Endlich beobachten sie auch, wie vielfach die erste Prüfung von solchen, die nur ein Jahr in „Repetitionskursen" vorbereitet sind, zum Teil sogar mit Lob bestanden wird. Wie nötig die theoretische Vorbildung ist, das erkennen sie, falls überhaupt, erst später in der Praxis selbst, wenn es ihnen an allen Ecken und Enden am juristischen Können fehlt; da hört man denn freilich unendlich oft das traurige „Ach hätte ich doch" aussprechen. Daraus folgt: wir dürften eine Besserung erhoffen, wenn der junge Jurist bereits vor der Hauptstudienzeit in der Praxis gewesen wäre, weil er dann die Wichtigkeit einer theoretischen Bildung zumeist nicht mehr verkennen würde.

Aber auch wenn der junge beginnende Jurist von der Wichtigkeit des theoretischen Studiums wohl überzeugt ist und mit Lust und gutem Willen an das Studium herangeht, kann man doch nur allzu häufig sehen, daß er durch das, was er zu hören bekommt, abgeschreckt wird und aus den Hörsälen fortbleibt, oder, wenn er aus irgendwelchen Gründen zu kommen fortfährt, doch ohne Liebe bei der Sache ist — dann aber lernt er nichts, denn man lernt schließlich nur mit dem Herzen. Und was ist es, was ihn abschreckt? Immer wieder hört man die gleichen Klagen: der Gedankenstoff der Jurisprudenz, so wie er lehrmäßig geboten werde, sei allzu schwierig, und er sei allzu leblos und trocken. Leider sind diese Klagen zum großen Teil berechtigt. Vieles liegt hier an der Reihenfolge der Vorlesungen, die auf deutschen Universitäten üblich oder gar anbefohlen ist. Man darf wohl sagen: die heutige Anordnung ist so unpädagogisch wie nur irgend möglich. Ich will nur einige Punkte erwähnen. Anstatt vor aller Beschäftigung mit den einzelnen Teilen des Rechtssystems dem Anfänger eine Übersicht über das Ganze zu geben, die ihn in den Stand setzte, das einzelne in einen Gesamtzusammenhang einzuordnen, fangen wir sofort im ersten Semester mit mehreren Sondervorlesungen nebeneinander an (Römisches Recht — Deutsches Recht — Volkswirtschaftslehre); dabei ist der Unterricht im römischen Recht sogar noch häufig genug in mehrere Parallelvorlesungen zerlegt (System — Rechtsgeschichte — Prozeß). Freilich gibt es ja auch eine „Einführung in die Rechtswissenschaft" — aber sie geht dem sonstigen Unterricht nicht voran, sondern neben ihm einher, muß also notwendig ein gut Teil ihres Zwecks verfehlen. Das Richtige wäre, wenn man es schon im übrigen bei der bisherigen Einrichtung belassen will, die erste Zeit des Semesters ausschließlich der „Einführung" zu widmen und erst nach ihrer Erledigung mit den übrigen Materien zu beginnen. Sodann: wie soll ein Unterricht in der Geschichte des Rechts, die ja doch im Anfang der Studienzeit gelehrt wird, für den irgendwie fruchtbar sein, der vom Recht selbst noch nichts kennt? Drittens: wie kann man verlangen, daß der junge Anfänger, dem die elementarsten juristischen Vorstellungen noch fehlen, sich sofort mit der fremdartigen Ideenwelt eines antiken Rechts wirklich vertraut mache? Endlich: muß es nicht jedem, der nur einigermaßen pädagogisch denken kann, als ein vollständiger Widersinn erscheinen, daß wir die anerkanntermaßen schwierigste und feinste, weil am längsten durchgebildete und juristisch reinste Materie, das bürgerliche Recht, vollständig bereits im zweiten und dritten Semester vortragen, noch dazu mit den „allgemeinen Lehren" beginnend?!

Also hier könnte wohl viel gebessert werden. Aber auch bei anderer Anordnung der Studiengegenstände würden die Klagen über „Leblosigkeit und Trockenheit" nicht verstummen. Der Grund liegt darin: alle Jurisprudenz will schließlich praktische Kunst sein, Kunst der Behandlung praktischer Fälle; der akademische Unterricht aber bewegt sich wesentlich im Gebiet des Wissens. Die theoretischen Sätze, die der junge Student zu hören bekommt, sind abstrakt, und man kann wohl sagen, es gibt keine angewandte Wissenschaft, die sich auf einer solchen Abstraktionshöhe bewegt und bewegen muß wie die Jurisprudenz. Diese abstrakten Sätze sind an sich leblos, ganz schemenhaft, Leben bekommen sie erst in der immer wechselnden Anwendung auf die unendlich mannigfaltige Wirklichkeit; da aber der Studierende diese Wirklichkeit nicht kennt, kann ihm der Satz seinen Gründen und seinem Wirkungsbereich nach nicht voll verständlich werden, und so erscheint er ihm als bloß trockener Gedächtnisstoff. Wohl wird ein geschickter Rechtslehrer bestrebt sein, durch Anführung von Fällen den abstrakten Satz zu beleben, aber dies hat durch die Notwendigkeit, in gegebener Zeit mit dem Stoff der Vorlesungen fertig zu werden, schließlich sein bestimmtes Maß, und zudem sind diese Fälle doch eben selbst nur abstrakt, nicht etwas, was die Studierenden wirklich vor sich erleben: darum fehlt ihnen die volle Anschaulichkeit und die zugleich überzeugende und anfeuernde Kraft der Wirklichkeit. Anders, wenn der Studierende, sobald er an die eigentlich technische Jurisprudenz herantritt, die Praxis bereits kennte: dann würde er imstande sein, sich zu der Melodie, die er zu hören bekommt, aus eigener Kenntnis des praktischen Rechtslebens die Harmonien zu finden, die Klagen über Trockenheit und allzugroße Schwierigkeit der Jurisprudenz müßten verstummen, und wir dürften hoffen, daß die Hörsäle sich nicht mehr wie bisher mit jeder weiteren Woche des Semesters weiter leeren.

Das Bedürfnis nach einer Neugestaltung der juristischen Vorbildung besteht aber nicht bloß mit Hinsicht auf die Vielen, Allzuvielen, die den heutigen Universitätsunterricht tatsächlich nicht oder nur unvollständig benutzen, sondern ebenso mit Hinsicht auf die — und deren gibt es ja auch glücklicherweise eine ganze Schar —, die mit Eifer und Freude sich dauernd an Vorlesungen und Übungen beteiligen:

auch von ihnen muß man sagen, daß sie von der Universität nicht entfernt das haben, was sie bei anderer Einrichtung des Studiums haben könnten; auch die Bestwilligen und Pflichteifrigsten haben es nicht. Sie mögen noch so viel Mühe aufwenden, ein volles Verständnis können sie sich nicht erringen, und der Grund liegt wiederum darin, daß ihnen die Kenntnis des praktischen Lebens, die Anschauung, fehlt. Wie sollen sie denn — um das Ärgste herauszugreifen — eine wirkliche Vorstellung von der rechtlichen Regelung der vielverschlungenen graden und krummen Wege des Prozesses bekommen, ohne daß sie jemals praktisch im Prozeß tätig waren! Wie können sie bei ihrer Unkenntnis des unendlich vielfältigen sozialen Lebens Verständnis für die Einzelheiten des Verwaltungsrechts gewinnen! Wie sollen sie, die den Verbrecher und das Verbrechen nie zu beobachten Gelegenheit hatten, Erörterungen über die so unendlich wichtigen Fragen der modernen Strafrechtspolitik als einer Hygiene des sozialen Lebens wirklich zu würdigen imstande sein! Im besten Falle wird auf allen diesen Gebieten eine rein gedächtnismäßige Anhäufung von Kenntnissen erzielt, die wenig Wert hat. Es ist wohl nicht zu hart, wenn man sagt, daß auch die Fleißigen bei dem heutigen Studienbetriebe einen guten Teil ihrer Zeit einfach verlieren.

Und nun endlich die Rückwirkung von alledem auf den Universitätsunterricht selbst! Wir reden immer noch in hohen Tönen von den Universitäten als den Lehrstätten der Rechts-„wissenschaft", aber ist es wirklich noch in höherem Sinne Rechtswissenschaft, was hier gelehrt und getrieben wird? Wenn man von den Seminaren absieht, an denen ja doch nur so wenige teilnehmen und teilnehmen können, wenn man ebenso die wenigen Ausnahmefälle beiseite läßt, wo es besonders begabten Rechtslehrern gelingt, das Interesse einer größeren Zuhörerschar auch für vertiefte und selbständige wissenschaftliche Darlegungen in Vorlesungen oder Übungen zu erwerben und dauernd zu erhalten, muß man dann nicht sagen, daß unsere Fakultäten im wesentlichen Elementarfachschulen zur Vorbereitung auf die erste juristische Prüfung geworden sind? Es ist ja höchst charakteristisch dafür, daß, was nicht Gegenstand der ersten juristischen Prüfung ist, fast nirgends jemals vorgetragen wird, und wird es vorgetragen, so ist die Teilnahme überaus gering. Die heutigen Vorlesungen erschöpfen das Gebiet dessen, was wissenschaftlicher Lehre dringend bedürftig ist, in keiner Weise; soweit die Fakultäten aber den Unterricht nicht darbieten, verzichten sie von vornherein auf den Einfluß, den sie doch haben sollten. Und selbst in den Hauptgegenständen, in denen der Unterricht erfolgt: wie steht es hier mit dem geistigen Niveau der Vorlesung? Wir Universitätslehrer reiben uns heute an einer unlösbaren Aufgabe auf: wir sollen den jungen Studierenden die elementaren juristischen Kenntnisse verschaffen, und sollten zugleich auch die Feinheiten und Tiefen unserer Wissenschaft zeigen, da ja eine spätere Gelegenheit des Unterrichts nicht wiederkehrt. Beides ist aber nicht vereinbar. Man mache nur einmal durch Fragen nach beendigter Vorlesung die Probe, und man wird merken, wie wenig selbst tüchtige Zuhörer von dem, was vorgetragen ist, erfaßt haben! In Wahrheit müssen wir froh sein, wenn es uns gelingt, dem Durchschnittszuhörer nur die allerersten und einfachsten rechtlichen Dinge einigermaßen zu klarer Vorstellung zu bringen. Nach dem Grundsatz vom geringsten Widerstand wird dadurch das Niveau des Universitätsunterrichts mehr und mehr herabgedrückt. Man darf sagen: durchschnittlich — Ausnahmen immer beiseite gelassen — ist das Niveau des Unterrichts, soweit er überhaupt fruchtbar ist, sehr tief. Alle feineren, einzelnen, spezielleren Dinge kommen zu kurz, ebenso die leitenden methodischen Grundgedanken über Rechtsanwendung und Rechtsbildung, weil diese fruchtbar nur vor dem erörtert werden können, der den Stoff bereits kennt. Gerade hierin liegt aber ein Hauptmangel. Denn mit dem Verzicht auf solche Erörterungen geht die Universität des wichtigsten Teils ihres Einflusses verlustig. Alles dies gilt übrigens nicht nur in der eigentlichen Jurisprudenz, sondern ebenso — aber ich will mich hier eines bestimmten Urteils enthalten — in den ja ganz unentbehrlichen nationalökonomischen Fächern. Es mag allzudüster gesehen sein, enthält aber doch viel bittere Wahrheit, wenn man den heutigen juristischen Unterricht dahin schildert, von unlustigen Lehrern werde unlustigen Zuhörern der für die Prüfung notwendige Wissensstoff überliefert.

Nein, so kann es nicht weitergehen. Hier droht ein größerer Schade, als man noch vielfach ahnt, das „quieta non movere" hat hier kein Recht mehr. Die Ruhebedürftigen mögen sagen: es sei ja auch bei der heutigen Art der Vorbildung mit der Praxis gut gegangen, unsere Richter, Verwaltungsbeamten usw. leisteten ja Vortreffliches, warum alles anders machen? wie es bisher gegangen, könne es auch weitergehen. Aber es soll nicht bloß ebensogut wie bisher, sondern noch viel besser gehen. Und ist es denn bisher wirklich gut gegangen? Man horche sich doch nur um, wie über die Juristen gescholten wird. An sich braucht man das nicht allzu tragisch zu nehmen: solange noch Leute am Strafgericht verurteilt werden und am Zivilgericht Prozesse verlieren, werden Klagen über den Juristenstand nicht aufhören — das ist menschlich, und man kann mit Achselzucken daran vorübergehen. Indes auch solche, die uninteressiert und dabei verständnisvoll sind, klagen bitter, und da müssen wir das unsere tun, um durch höhere Leistungen dieser für die Wirksamkeit der Juristen verhängnisvollen Stimmung entgegenzuarbeiten. Jedenfalls aber: selbst wenn es bisher gut gegangen ist, künftighin wird es, falls wir es bei der heutigen Vorbildungsart lassen, nicht mehr ebensogut gehen. Das große weltbedeutende Deutsche Reich bedarf anders vorgebildeter

Juristen als einst die in beschaulicherer Ruhe lebenden deutschen Staaten. Von Jahr zu Jahr wachsen die Aufgaben für den Juristen mehr an. Die Vervielfältigung unserer Handelsbeziehungen nach dem Ausland hin, der Erwerb der Kolonien, die zunehmende Industrialisierung des Landes, die Entwicklung der großen Städte, die Konzentration der Gewerbe, die neuen Formen, die der wirtschaftliche Kampf angenommen hat, sowie die neuen Mittel zum wirtschaftlichen Friedensschluß, die verwickeltere oder doch vielfältigere Einrichtung der Verwaltung und vor allen Dingen das Schnellerwerden des gesamten Tempos unseres Verkehrs — alles das erfordert von dem Juristen heutzutage viel mehr, als er früher zu leisten gehabt hat, und wird in Zukunft noch immer mehr von ihm erfordern. Nicht nur bedarf er einer größeren Kenntnis eben der wirtschaftlichen Dinge, sondern er braucht auch gerade der Vielfältigkeit des Stoffes gegenüber eine Vorbildung, welche die unerschütterliche Grundlage des gesamten juristischen Denkens schafft und die Fähigkeit zu rascher Auffassung sowie Einsicht in den geistigen Zusammenhang des Ganzen gewährt.

Und blicken wir doch nur einmal zu anderen Ländern hinüber, namentlich zu solchen, die von alten Traditionen nicht so sehr beschwert sind wie wir: überall im Osten und Westen sehen wir rastloses Vorwärtsdrängen. Da heißt es auch für uns: vorwärts! Die Zeit ist zu ernst, als daß wir es verantworten könnten, wenn unsere edelste deutsche Jugend, die sich dem Beamtenstande widmen will, gerade zur Zeit ihrer stärksten Aufnahmefähigkeit und inneren Biegsamkeit für ihre Ausbildung mehrere Jahre verliert oder doch nicht voll ausnützt. Jeder Rechtslehrer, der öfter Gelegenheit gehabt hat, die japanischen Studenten zu beobachten, wird fast erschreckt gewesen sein von der finsteren schweigsamen Beharrlichkeit und dem zielbewußten Ernst, mit dem diese Leute ihre Studien bei uns betreiben — nun, das mögen besonders ausgewählte Menschen sein, aber unser Ehrgeiz sollte es sein, daß unser Durchschnitt ein gleiches leistet. Wer bei dem gesteigerten Wettkampf der Völker nicht alle Kräfte anspannt, der bleibt eben zurück und wird überrannt — das gilt wie von einzelnen so auch von Nationen. Wir sind stolz auf unser nirgends übertroffenes Heer — wir müssen den Stolz haben, auch in Zukunft noch von einem nirgends übertroffenen Beamtenstand reden zu dürfen.

Eine Änderung muß also statthaben. Indem ich von dem Mittel zur Abhilfe spreche, beschränke ich mich absichtlich. Eine entschlossene und großzügige Kritik unseres Vorbildungswesens dürfte sich nicht auf die Zeit nach der Schule beschränken, sondern müßte weiter hinabgreifen. Sie würde eine der Wurzeln des Übels darin finden, daß unsere Jugend zu lange und mit zu einseitiger, rein theoretischer Bildung auf den Gymnasien festgehalten wird. Doch ich will davon nicht weiter sprechen, um nicht allzu Tiefes aufzurühren; ich gehe von der Voraussetzung aus, daß die heutige Schuleinrichtung unverändert bleibt, und erwäge, welche Verbesserung hier möglich und nötig ist. Und da ergibt sich nun aus alledem, was gesagt ist: alles würde, so scheint mir, gewonnen sein, wenn es gelänge, dem anfangenden Juristen die lebensvolle Gewißheit einzuflößen, daß die Beschäftigung mit der Wirklichkeit für ihn unbefriedigend bleibt, solange er nicht eine volle theoretische Vorbildung sich angeeignet hat; wir müssen den jungen Juristen also noch vor dem Universitätsstudium oder doch vor dessen wesentlichstem Teil in die Praxis stellen, damit er in ihr seinen Wirklichkeitshunger befriedige, zugleich aber einsehen lerne, daß er ihrer ohne eindringendes theoretisches Studium nicht Herr werden kann: er soll durch den praktischen Dienst theoriehungrig werden und soll in ihm zugleich soviel Lebenskenntnisse, Anschauung und größere Reife gewinnen, daß ihm nunmehr das Studium wirklich fruchtbringend zu werden vermag.

Daß dies Mittel das richtige ist, dafür sprechen mannigfache Erfahrungen. Man denke zunächst an andere Studienzweige: für die künftigen Beamten des Bergwesens, der Post und Telegraphie, für die künftigen Apotheker, Ingenieure, Landwirte und Kaufleute ist überall eine praktische Tätigkeit vor der Hochschulbildung entweder als Vorbedingung gefordert oder doch üblich, und meines Wissens hat niemand den Wunsch, diese Verhältnisse zu ändern. Man denke ferner an den Beruf, auf dessen Einrichtungen wir am stolzesten sind: der künftige Offizier muß praktischen Dienst leisten, bevor er auf die Kriegsschule kommt, und die Militärakademie gar darf nur von erprobt Reifen besucht werden. Es sei mir erlaubt, hier eine persönliche Erinnerung einzuflechten. Ich gedenke noch immer dankbar daran, daß mir einst in Halle, unter dem ausgezeichneten Kühn, die Aufgabe zuteil wurde, die Vorlesungen über Landwirtschaftsrecht an der landwirtschaftlichen Hochschule zu übernehmen. Aller Hoffnungen und allen Glaubens voll hatte ich kurz vorher meine Lehrtätigkeit an der juristischen Fakultät begonnen, die Erfahrungen aber, die ich mit dem Eifer der Studierenden bei dem Besuch der Vorlesungen und Übungen gemacht hatte, waren sehr enttäuschend, und — wie vielen Fachgenossen wird es ähnlich ergangen sein! — ich wurde infolge dessen durch das Gefühl eigner Unzulänglichkeit tief bedrückt. Die Tätigkeit an der landwirtschaftlichen Hochschule ward mir hier geradezu zur Rettung. Denn erstaunt bemerkte ich, daß die Teilnahme der Landwirte, die das Landwirtschaftsrecht hörten, ganz unvergleichlich viel besser war. Über den Grund dieser Tatsache blieb mir kein Zweifel. Die Zuhörer selbst erkannten ihn richtig. Es war eine verbreitete Stimmung, der ein junger Landwirt einmal dahin Ausdruck gab: das Vergnügen, nachdem er einige Jahre lang auf der Scholle Dienst getan habe, nunmehr still im Hörsaal zu sitzen, um in theoretisch geordnetem Bilde die rechtlichen

Dinge vorgeführt zu bekommen, die er praktisch kennen gelernt habe, sei so groß, daß ich mir schwerlich eine volle Vorstellung davon machen könne.

Und nun gar die Erfahrungen mit älteren Juristen! Noch einmal muß ich einer persönlichen Erinnerung Raum geben. Nur mit tiefem, sich immer erneuendem Glücksgefühl kann ich an die Erfahrungen denken, die ich in den Jahren 1897—1899 gemacht, als ich für die praktischen Juristen in Hamburg vier Universitätsferien lang die Vorlesungen zur Einführung in das neue Bürgerliche Gesetzbuch halten durfte. Welche Wonne „lehren" sein kann, welcher Steigerung das Lebensgefühl fähig ist, wenn die Lehrtätigkeit jede letzte Fiber anspannen heißt, da man sich einer Zuhörerschaft gegenüber weiß, die imstande und begierig ist, das Gebotene restlos aufzunehmen und mit kritischem Verständnis zu werten, das habe ich damals reich empfunden. Unzählige von Malen habe ich es damals aussprechen hören: wir, die wir die Praxis kennen, wir haben etwas von diesen Vorlesungen, unendlich viel mehr, als wir je auf der Universität haben konnten. Dieselbe Erfahrung habe ich in Bremen und Frankfurt a. M. bei der gleichen Vorlesungstätigkeit gemacht, und noch jeder Fachgenosse, der in jenen Jahren in anderen Städten dieselbe Aufgabe zu erfüllen hatte, hat mir das gleiche von sich selbst bestätigt. Nun, das mag eine Zeit besonderer geistiger Hochspannung in der Juristenwelt gewesen sein. Aber können wir nicht alle auch heute noch an den Universitäten selbst ebendieselben Erfahrungen machen? Es kommt ja doch fast in jedem Semester wieder vor, daß ältere, schon in der Praxis stehende Juristen wieder an den Vorlesungen teilnehmen, und auch nicht einen von ihnen habe ich gesprochen, der nicht versichert hätte, wie viel fruchtbarer der Unterricht jetzt für ihn sei als früher in seiner Universitätszeit. Die Zahl der älteren Juristen, die den Wunsch haben — und wie wenige sind in der Lage, ihn zu befriedigen! —, später wieder einmal theoretische Vorlesungen zu hören, ist, wie ich glaube, sehr groß, und wahrlich, die schlechtesten Praktiker sind es nicht, die solchen Wunsch hegen!

Dies alles lehrt: wir müssen die jungen Juristen vor der Hauptstudienzeit erst in die Praxis bringen.

II.

Wird dieser Grundgedanke einmal anerkannt, so ist die Frage, wie Studium und praktische Vorbereitung im einzelnen zeitlich anzuordnen sind, verhältnismäßig gleichgültig.

Möglich wäre es, sofort noch vor alles Studium ein Stück — etwa ein Jahr — praktischen Dienstes zu stellen, insbesondere des Dienstes bei einem Amtsgericht. Auf dieses „praktische Jahr" würde dann in der bisherigen Art das Universitätsstudium und schließlich der Rest des praktischen Vorbereitungsdienstes folgen. Dafür spricht vor allem, daß auf diese Weise der Wirklichkeitshunger, von dem ich vorher redete, am raschesten gestillt würde. Auch bei den anderen vorhergenannten Berufen wird in gleicher Art mit der praktischen Tätigkeit begonnen. Indes die dort gewonnenen Erfahrungen lassen sich für die juristische Vorbereitung nicht ohne weiteres verwerten, die Verhältnisse sind hier und dort verschieden. Die juristischen Dinge liegen dem Verständnis doch wohl zu fern, als daß vor allem Studium, ohne eine theoretisch gewonnene Übersicht über die verschiedenen Zweige des Rechts der praktische Dienst wirklich fruchtbar sein könnte. Ich glaube auch nicht, daß die Erfahrungen, die in anderen Ländern mit dem System einer von Beginn an praktischen Ausbildung gemacht sind, sehr zur Nachahmung auffordern. Endlich ist es aus vielen Gründen ratsam, dem jungen Manne die auf der Schule so lange und so heiß ersehnte akademische Freiheit nicht länger vorzuenthalten.

Besser erscheint mir ein allerdings noch verwickelteres System, wobei nicht nur die praktische Vorbereitung, sondern auch das Universitätsstudium geteilt wird. Wie es wahr ist, daß das Studium ohne Kenntnis der Praxis nicht fruchtbar sein kann, so ist schließlich auch die volle Wirksamkeit der praktischen Ausbildung von dem vorherigen Studium abhängig. Beides bedingt sich eben gegenseitig. Dadurch rechtfertigt sich mein Vorschlag, der dahin geht: zuerst Studium (1½ Jahre), dann praktischer Dienst (2 Jahre), dann wieder Studium (2½ Jahre) und endlich ein Schlußjahr praktischen Dienstes. Wie man sieht, setze ich hierbei eine Abkürzung des gesamten praktischen Vorbereitungdienstes auf 3 Jahre, eine Verlängerung des gesamten Studienzeitraums auf 4 Jahre voraus. Diese Fristen bestehen rechtlich oder tatsächlich fast in allen Bundesstaaten außer Preußen und werden auch für Preußen lange schon gefordert; hier stand ihrer Einführung bisher nur die Sorge entgegen, daß bei einem vierjährigen Studium ohne Zwischenprüfung einfach ein Jahr mehr nicht studiert werden und darum verloren gehen würde: bei meinem Vorschlage würde diese Sorge aber, wie sich zeigen wird, gegenstandslos. Übrigens bleibt die Entscheidung, ein wie großer Teil der gesamten 7 Vorbereitungsjahre auf den praktischen Dienst und ein wie großer auf das Universitätsstudium entfallen soll, für das Wesentliche meines Vorschlags ganz gleichgültig; beläßt man es bei 3 Jahren Studium und 4 Jahren Vorbereitungsdienst, so müssen in dem obigen Vorschlag nur die Ziffern der zweiten und dritten Teilfrist entsprechend geändert werden (3 und 1½ statt 2 und 2½).

Entscheidendes Gewicht lege ich bei meinem Vorschlag auf die Art, wie das Rechtsstudium geteilt wird. Frühere in gleicher Richtung sich bewegende Vorschläge haben eine Teilung des Studiums in der Weise empfohlen, daß in der ersten Studienzeit bestimmte Materien, insbesondere das römische und deutsche Privatrecht nebst seiner Geschichte, den Gegenstand des Studiums zu bilden hätten, wogegen dann die zweite Studienzeit mehr dem Gegenwartsrecht mit Einschluß des öffentlichen Rechts gewidmet sein sollte, so etwa wie heute in Österreich die beiden durch die Zwischenprüfung geschiedenen Studienhälften verwendet werden sollen. Eine derartige Teilung erscheint mir aus vielen Gründen durchaus unzweckmäßig. Die ersten Studiensemester würden fast ganz wertlos sein: eine Vorbereitung auf die Praxis würden sie gerade wegen ihres mehr historischen Charakters und wegen ihrer sachlichen Beschränktheit auf bestimmte Materien in keiner Weise bilden; sollen sie aber ein Stück der theoretischen Bildung übermitteln, so würden sie ihren Zweck verfehlen, da das Gelernte als ein isoliertes Stück für sich in der Zwischenzeit des praktischen Dienstes wieder vergessen werden würde; die Zwischenfügung praktischer Jahre würde bei solcher Studienteilung eine höchst schädliche Studienzerreißung bedeuten.

Nein, die von mir empfohlene Teilung der Studienzeit ist nur dann annehmbar, wenn sie mit einer völlig neuen Ordnung der Studienaufgaben Hand in Hand geht. Zu dieser neuen Studienordnung müßten wir notwendig schreiten, selbst wenn wir wie bisher das ganze Studium ungeteilt dem praktischen Dienst vorangehen ließen: die heutige Studieneinrichtung verleugnet, wie ich schon früher sagte, die einfachsten pädagogischen Erfahrungssätze. Ich empfehle vielmehr ein zweimaliges Studium des gesamten Rechts in allen seinen Zweigen, nur müßte das erste Studium lediglich elementar, das zweite vertiefter sein. Alles Recht bildet ein einziges zusammengehöriges Ganzes, ein einheitliches System, bei einem System aber gibt es wie bei einer Kugel weder Anfang noch Ende, jeder Teil bedingt vielmehr den anderen. Darum geht denn auch das volle Verständnis jedes einzelnen Teils nur aus der Kenntnis der anderen Teile hervor. Da aber bei dem Unterricht die einzelnen Teile doch in Aufeinanderfolge gelehrt werden müssen, bleibt als einziges Mittel nur übrig, den ganzen Stoff zweimal vorzutragen, und damit ergibt sich dann die Teilung in elementaren und feineren technischen Unterricht.

Die gesamte Vorbildung des Juristen würde sich demnach folgendermaßen gestalten:

1) Zunächst 3 Semester Studium. Diese erste Universitätszeit würde also lediglich einer Einführung in die gesamte Rechts- und Staatswissenschaft zu dienen haben, und zwar einer Einführung zugleich dogmatischer und historischer Art, bei der gerade der Gesamtaufbau und der Zusammenhang der einzelnen Teile unter sich aufzuweisen und das Allgemeinverständliche und Allgemeinwissenswerte hervorzuheben sein würde, ohne irgendwelches Eingehen in die Einzelheiten juristischer Technik. Eine solche Einführung für den Anfänger, mag er noch so theorieunlustig sein, fesselnd zu gestalten, würde kaum schwer fallen. An sich würden 2 Semester hierfür wohl genügen. Indes die Neuordnung wird um so leichter annehmbar sein, je weniger sie das bisherige Universitätsleben antastet. Nun gehört zu diesem Universitätsleben nach der historischen Entwicklung untrennbar das studentische Verbindungswesen; damit aber eine Verbindung ihre Erziehungsideale verwirklichen und so den Nutzen stiften kann, den sie doch haben möchte und haben sollte, genügt ein Jahr wohl nicht. Die heutige Ordnung ist die, daß der Student nach drei Semestern „das Band" für immer bekommt — diesen Zeitraum nehme ich deshalb für meine Vorschläge an.

Die Einführung würde sich demnach dreiteilig zu gestalten haben; ich denke sie mir etwa so:

Im ersten Semester: Einführung in das öffentliche Recht (Staats- und Verwaltungsrecht nebst Völkerrecht; auch das Kirchenrecht wäre hier zu berühren). Daß von vornherein der Staat in den Vordergrund der juristischen Vorstellungen geschoben wird, scheint mir sachlich besonders wichtig. Von diesem zentralen Punkt aus muß das Verständnis für den Gesamtaufbau der Rechtsordnung gewonnen werden, wie auch hier die Fragen der allgemeinen Rechtsquellenlehre wurzeln. Wenn die öffentlichrechtliche Bildung der Juristen, wie so vielfach geklagt wird, mangelhaft ist, so ist daran zum Teil gewiß auch die Tatsache schuld, daß der junge Jurist die Rechtsordnung zunächst ausschließlich von der privatrechtlichen Seite her kennen lernt, die, mag sie auch für die Gerichte die wichtigste sein, doch begrifflich nur abgeleitete Bedeutung hat. — In diesem Teil der Einführung würde auch die deutsche Verfassungsgeschichte in ihren Grundzügen mit vorzutragen sein: soll ja doch die Vorbildung im rechten Sinne historisch bleiben.

Im zweiten Semester: Einführung in das gesamte bürgerliche Recht mit Einschluß des Handelsrechts. Gerade auf die vollkommene Einheitlichkeit dieser Vorlesung, die heute auf den Universitäten in schwer vom Anfänger zusammenfügbare Stücke auseinander fällt, wäre künftig besonderes Gewicht zu legen. Auch in dieser Vorlesung dürfte das Geschichtliche nicht fehlen: sie würde eine Übersicht über die Gesamtentwicklung unseres Rechts, wie es aus dem römischen, aus dem älteren germanischen und aus dem modern-europäischen Recht zusammengewachsen ist, zu geben haben.

Im dritten Semester: Einführung in das Strafrecht und in das Recht der beiden Prozesse sowie in das Konkursrecht.

Diese Dreiteiligkeit müßte, damit den Studenten die Möglichkeit von einer auf die andere Universität überzugehen gewahrt bleibe, für alle Universitäten einheitlich festgesetzt werden. Das läßt sich ja ohne Schwierigkeiten machen, gerade so wie es einst bei der Einführung des Bürgerlichen Gesetzbuches geschehen ist: die preußische

Regierung müßte nach Beratung mit den preußischen Fakultäten einheitliche Bestimmungen für diese treffen.

Als Vorlesungszeiten denke ich mir für die drei Teile wöchentlich 8, 8 und 6 Stunden. Dazu kämen dann die beiden Vorlesungen über theoretische und praktische Nationalökonomie, so wie sie heute üblich sind, mit je 4 Stunden wöchentlich — in Wahrheit geben sie ja auch heute schon kaum mehr als eine „Einführung" in die Staatswissenschaften. Das wären in den 3 Semestern zusammen etwa 30 wöchentliche Vorlesungsstunden, also 10 im Semester, gewiß eine so geringe Belastung, daß daneben voller Raum für freies akademisches Leben und für Beschäftigung mit geistigen Dingen außerhalb des engeren Faches bleibt.

2) Diese erste Studienzeit schließt mit einer Prüfung ab, die natürlich entsprechend leichter als die jetzige, aber doch ernst genug sein müßte, um wirklich auf eine rechte Benutzung der Studienzeit hinzuwirken. Die heutige „wissenschaftliche Arbeit" würde in Fortfall kommen müssen, die Klausurarbeiten könnten hingegen mit Nutzen beibehalten werden: freilich würden nicht Rechtsfälle zur Bearbeitung zu stellen sein, sondern eine größere Zahl allgemein gehaltener theoretischer Fragen, wie sie in der Einführung behandelt worden wären. Zeitlich müßten die Prüfungen so angeordnet werden, daß sie bis zum Anfang des neuen Semesters erledigt sind; da der Geprüfte später auf die Universität zurückkehren soll, was ja doch nur zu Beginn eines Semesters geschehen kann, und zwischen dem ersten und zweiten Universitätsstudium zwei volle Jahre Vorbereitungsdienst liegen sollen, würde er sonst ein ganzes Semester verlieren. Die Prüfung müßte also schon im letzten Semestermonat beginnen, brauchte dafür aber nur zweimal, an den Zeitpunkten der beiden Semesterschlüsse statt zu haben — eine Zusammendrängung, die auch sonstige Vorteile mit sich bringen und dem heutigen System der vereinzelten Prüfungen, durch

welche die Lehrtätigkeit des einzelnen Dozenten innerhalb des Semesters wieder und wieder in sachlich höchst nachteiliger Weise unterbrochen wird, weit vorzuziehen sein würde.

Eine Prüfung bereits nach drei Semestern scheint mir besonders wertvoll. Mit Recht hat man gesagt, daß die heute bestehende Einrichtung, der gemäß der von der Schule Kommende mindestens drei Jahre lang ohne wahrhafte Kontrolle darüber, ob er auch etwas leistet, studiert oder richtiger: Studienzeit hat, eine große Gefahr birgt. Es mag für viele schwer sein, ohne einen äußeren Zwang sich aus der überschäumenden Fröhlichkeit ihrer jung gewonnenen Freiheit von selbst wieder in die sachliche Arbeit hinein zu finden. Ich gehöre zu denen, die stets gegen eine die Studienzeit zerschneidende Zwischenprüfung gewesen sind — aus ethischen Gründen —, obgleich ich ihre Nützlichkeit nach mancher Richtung wohl einsehe. Anders steht es bei meinem Vorschlag. Er verlangt zwar eine Prüfung sogleich nach drei Semestern, aber diese Prüfung hat nicht mehr das Gehässige eines Zwischenexamens, sondern sie ist ein Endexamen, sie schließt eben die erste Studienzeit ab. Davon erwarte ich eine ganz andere Ausnutzung auch dieser ersten Studienzeit, als sie bisher stattgehabt hat. Natürlich bleibt auch jetzt die Gefahr, daß manch einer in diesen ersten Semestern nichts tut und sich am Schluß nur von bequemen Helfern gedächtnismäßig auf die Prüfung vorbereiten läßt. Das läßt sich durch keine Einrichtung vermeiden, denn eine Prüfung muß sich immer mehr oder minder auf „Kenntnisse" richten, die auch ganz äußerlich erworben sein können. Aber so schlimm wie heute würden die Verhältnisse jedenfalls nicht bleiben. Denn einerseits ist, wie schon gesagt, die Einführungsvorlesung an sich leichter verständlich und allgemeiner fesselnd, als es der heutige Unterricht sein kann, sodann wird die nahe bevorstehende Prüfung doch immerhin auf eine stärkere Benutzung der Universitätslehrmittel hinwirken. Endlich sind es im bösesten Fall doch nur 1½ Jahre, die schlecht benutzt werden, nicht wie heute 3 Jahre.

Auch noch einen anderen Vorteil bietet die Verkürzung der ersten Studienzeit gegenüber der heute geforderten. Wer heute das Referendarexamen endgültig nicht besteht, hat (mit Einrechnung der Zeit für die wiederholten Prüfungen) 4—5 Jahre verloren. Wer künftig die erste Prüfung endgültig nicht besteht (auch das wird sicher vorkommen) hat höchstens, da hier die Zeit für die Prüfung wegen Fortfalls der wissenschaftlichen Arbeit kürzer angesetzt werden kann, höchstens 2—2½ Jahre verloren — das läßt sich schon viel eher ertragen.

3) Hierauf kommt der 2 Jahre lange Hauptteil des Vorbereitungsdienstes. Gewiß wird der Referendar dann durchschnittlich nicht so weit theoretisch vorgebildet sein wie heute, trotzdem kann es nicht schwer sein, ihn genügend und mit Erfolg zu beschäftigen. Auch der künftige Subalternbeamte tritt heute in den Bureaudienst ein, ohne irgend etwas von der Sache zu wissen. Es würde mir aber gerade als ein großer Vorteil erscheinen, wenn der junge Jurist den Subalterndienst vollständig durchmachte. Die Geschäfte, zu denen er heute zunächst verwendet wird, insbesondere das Protokollschreiben und die Anfertigung von Versäumnisurteilen, kann er natürlich künftig auch vollziehen. Er wird auch in der Lage sein, einen Gedankengang, der ihm vom Richter angegeben wird, in eigener Form wiederzugeben — selbständige juristische Arbeiten allerdings wird er nicht machen können. Aber gerade darin, daß er sich, eben weil er noch ohne gründliche theoretische Vorbildung ist, vor die Unmöglichkeit gestellt sieht, höhere praktische Arbeiten befriedigend zu verrichten, erblicke ich, wie ich schon oben sagte, einen Hauptvorteil der Neueinrichtung: er soll ja dadurch inne werden, wie sehr ihm eine theoretische Vorbildung not

tut. Zudem, ich will nicht auf das Beispiel Englands verweisen, wo wenigstens früher der junge Jurist ganz ohne theoretische Vorbildung in die Praxis eintrat, während er nach meinem Vorschlag ja schon drei Semester Studium hinter sich haben soll; aber ich möchte nur daran erinnern, daß zur Zeit des Pandektenrechts wir alle ohne eine Kenntnis des wirklich anwendbaren Rechts in die Praxis eingetreten sind, und es ging damals auch ganz gut. Wir hatten auf der Universität Pandektenrecht und gemeines Prozeßrecht kennen gelernt, jene nie und nirgends geltenden Rechte, die nur eine fiktive Existenz führten. Das preußische Landrecht, die allgemeine Gerichtsordnung und in noch früheren Jahren das preußische Strafgesetzbuch hatte der junge Referendar kaum je in der Hand gehabt, bevor er in die Praxis kam — und es ging doch! Übrigens studiert auch heute, wie schon bemerkt, die große Mehrzahl der Juristen in Wirklichkeit ja nur 2—3 Semester, also wird es auch bei meinem Vorschlage wohl mit der praktischen Tätigkeit gehen.

Eine Trennung der künftigen Justiz- und der Verwaltungsbeamten in diesen zwei Jahren des ersten praktischen Dienstes wäre auch im Rahmen meines Vorschlags möglich, aber doch entschieden zu widerraten. Wir haben das System gehabt, daß die Vorbildung beider Arten von Beamten bis zur letzten Prüfung vollkommen einheitlich war: dieses System mußte verlassen werden, weil die Vorbildung damals wesentlich nur juristisch, nur auf den Juristen zugeschnitten war. Es gibt sodann eine Partei, die am liebsten gleich von der Wurzel an das Studium und den Vorbereitungsdienst trennen möchte — wir sind heute noch nicht so weit und kommen hoffentlich nie dahin: der Verwaltungsbeamte kann eine gründliche juristische Vorbildung nicht entbehren. Wollte man endlich auch bei der Abkürzung der ersten Studienzeit auf drei Semester die heutige Einrichtung beibehalten, daß der künftige Verwaltungsbeamte bereits nach 9 Monaten Gerichtsdienst endgültig in die Verwaltung übernommen wird, so würde das eine Verschlechterung gegenüber dem heutigen System bedeuten, weil dann der Verwaltungsbeamte zu wenig Jurist sein würde, wie schon heute der Jurist durchschnittlich zu wenig von der Verwaltung weiß. Besser würde es mir also erscheinen, wenn die ersten zwei Jahre Vorbereitungsdienst durchaus gemeinschaftlich wären, aber jeder Referendar mindestens ein halbes Jahr dieser Zeit im Verwaltungsdienst tätig sein müßte; erst auf diese Weise würde eine sachgemäße Entscheidung darüber, ob der einzelne sich mehr zum Verwaltungsdienst oder zum Justizdienst eignet, wenigstens einigermaßen möglich sein.

Im übrigen enthalte ich mich hier eingehender Erörterungen über die Einrichtung des Vorbereitungsdienstes; darüber wäre ja viel zu sagen, doch steht es nicht in notwendiger Verbindung mit meinem Hauptvorschlag. Daß stets nur der Zweck der Ausbildung des Referendars und nicht der einer Unterstützung des Beamten, bei dem er arbeitet, verfolgt werden darf, ist selbstverständlich. Beiläufig gesagt würde mein Vorschlag die wünschenswerte Einrichtung begünstigen, daß mit der Ausbildung der jungen Referendare besondere Richter oder sonstige Beamte, die sich gerade hierfür eignen, betraut werden. Denn die Neueinstellung von Referendaren — deren Gesamtzahl übrigens, infolge der Abkürzung der praktischen Vorbereitungszeit, entsprechend kleiner sein würde, als sie es jetzt ist — würde ja nicht wie heute das ganze Jahr hindurch einzeln erfolgen, sondern nur an zwei Terminen, nämlich nach Beendigung der im Jahre zweimal stattfindenden Prüfung: diese Gemeinsamkeit des Dienstbeginns würde auch eine gemeinsame Ausbildung unter eigens dazu bestellten Beamten erlauben.

4) Nach Beendigung des zweijährigen praktischen Vorbereitungsdienstes erfolgt die Rückkehr zur Universität. Sie würde meines Erachtens nicht von einer weiteren Prüfung

abhängig zu machen sein — alle Prüfungen bringen eine gewisse Veräußerlichung mit sich, man sollte sie deshalb nur erfordern, wo sie unentbehrlich sind: hier aber würde es doch wohl genügen, wenn die mit der Leitung des Vorbereitungsdienstes betrauten Personen den Referendar für „studienreif" erklären.

Übrigens ist zu erwarten — und ich sehe darin einen erheblichen Vorteil —, daß manch einer jetzt nicht auf die Universität zurückkehrt. Der praktische Vorbereitungsdienst gewährt ihm die Zeit und Möglichkeit, sich ernstlich zu prüfen, ob er wirklich zum Juristen taugt und seinem Beruf die nötige Liebe entgegenbringen kann. So wie die Sache heute liegt, vermag selbst nach erfolgreich beendigtem Studium der junge Jurist sich noch nicht mit Sicherheit darüber zu entscheiden. Unendlich oft habe ich gerade strebsame Studierende von der schweren Enttäuschung berichten gehört, die sie mit dem Eintritt in die Praxis erlebten. Auf der Universität werden ihnen theoretische Dinge dargeboten, die sie dereinst, und je höher sie steigen, desto mehr anzuwenden haben und darum als unentbehrlich begreifen werden; aber von dem wirklichen praktischen Beruf, den sie später zu üben haben, kann ihnen die Universität keine Vorstellung geben. Anders würde das sein, wenn die Praxis dem Hauptstudium voranginge, denn die Praxis würde dem Anfänger auch das alltägliche und handwerksmäßige seines Berufes zeigen. Sieht er nunmehr aber ein, daß er zum Juristen nicht geeignet ist, so würde er mit erheblich weniger Zeitverlust als heute noch einem anderen Beruf sich zuwenden können. Wenn der Vorbereitungsdienst so gestaltet wird, daß der junge Jurist zugleich auch die volle Vorbildung eines Justizanwärters für den Bureaudienst erhält, so ist ferner sehr wohl denkbar, daß manch einer nunmehr seinen Ehrgeiz nicht höher spannt, sondern den Subalterndienst weiter verfolgt — er kehrt dann auf die Universität nicht zurück. Sicher wäre es für den Staat von Vorteil, wenn auch die Subalternbeamten eine derart enzyklopädische juristische Vorbildung hätten, denn auch von ihnen wird künftig mehr zu fordern sein, als heute geschieht. Die Auslese, die sich auf diese Weise für den höheren Juristendienst ergeben würde, scheint mir ein erheblicher Vorteil.

5) Nunmehr kommt das theoretische Hauptstudium, für das also noch 5 Semester zu rechnen sind. Die Zeit ist lang genug, um ein intensives, alle Gebiete umfassendes Studium zu betreiben; der Reichtum an Unterrichtsgegenständen würde erheblich wachsen dürfen. Die großen bisher üblichen Vorlesungen über die Hauptteile des Rechts würden, da man sich nicht mehr mit den elementarsten Dingen herumzuschlagen hat, zum Teil erheblich abgekürzt werden und trotzdem sachlich doch viel inhaltreicher und in ihrem Niveau höher sein können als bisher. Jetzt erst würde auch die Rechtsgeschichte wahrhaft zu Wert und Wirkung gelangen können. Zu diesen Hauptvorlesungen würden dann mannigfaltige kleinere Einzelvorlesungen über besondere Gegenstände zu treten haben — gerade hierauf wäre besonderes Gewicht zu legen —, und zwar nicht nur in der Jurisprudenz, sondern jetzt auch in der Nationalökonomie. Es ist zu hoffen, daß sich unter den reifer gewordenen Studierenden hierfür Lernbegierige genug finden werden. Ich denke beispielsweise, um nur juristische Vorlesungen zu nennen, an Kurse über internationales Privatrecht, über Militärrecht, über freiwillige Gerichtsbarkeit, über ausländisches, insbesondere englisches Recht, über Kommunalrecht und die vielen einzelnen, zum Teil noch so wenig ausgebauten Zweige des Verwaltungsrechts, insbesondere das Gewerbe- und das gesamte Sozialrecht, das ja leider immer noch des ersten Lehrstuhls harrt, über Kriminalanthropologie, über Gefängniskunde — aber ich könnte hier noch unendlich lange fortfahren. Daß auch der künftige Verwaltungsbeamte in dieser Zeit umfassende juristische Studien treibt, halte ich

für unerläßlich; wie weit im übrigen der Studienbetrieb für die künftigen Justizbeamten und die Verwaltungsbeamten verschieden zu gestalten ist, soll hier nicht besprochen werden. Auch in Einzelheiten über die Verteilung der verschiedenen Vorlesungen und Übungen auf die einzelnen Semester der zweiten Studienzeit will ich nicht näher eingehen, sie wird sich in Anpassung an die heutigen Einrichtungen von selbst ergeben, und besondere Regelungen sind hier überflüssig: da der Zusammenhang des gesamten Rechts dem Hörer bereits bekannt ist, braucht nicht mehr so ängstlich wie bisher auf Einhaltung einer bestimmten Reihenfolge der Vorlesungen geachtet zu werden, insbesondere lassen sich Privat- und öffentliches Recht nebeneinander studieren.

6) Endlich folgt das letzte Jahr des praktischen Vorbereitungsdienstes, und zwar unter Trennung der künftigen Justiz- und der Verwaltungsbeamten. Die Assessorprüfung schließt dann die gesamte Vorbereitung wie bisher ab, wiederum getrennt für Gerichtsreferendare und Regierungsreferendare. Da sie das Siegel auf den Abschluß des praktischen Vorbereitungsdienstes und zugleich auch des Universitätsstudiums drücken soll, muß sie sich auch auf beide Seiten der Bildung, die theoretische wie die praktische, mit gleicher Stärke richten; insbesondere muß, da die Gestaltung des Studiums wesentlich durch die spätere Prüfung bedingt wird, auch in der Prüfung der Regierungsreferendare für eine genügende Berücksichtigung der gesamten juristischen Fächer, auch des Privatrechts, Strafrechts und Prozeßrechts gesorgt werden. Späterer Erwägung mag es vorbehalten bleiben, ob die Prüfung vielleicht, wenigstens soweit sie schriftlich ist, in einen mehr wissenschaftlichen und einen mehr praktischen Teil zu trennen wäre, von denen der erstere bereits nach Beendigung des zweiten Studienabschnitts und vor Wiederaufnahme in die Praxis abgelegt werden müßte, der zweite hingegen nach

dem praktischen Schlußjahr. Das würde auch den Vorteil haben, daß die Scheidung in Regierungs- und Gerichtsreferendare mit größerer Sicherheit vollzogen werden könnte.

III.

An uns Rechtslehrer würden mit der vorgeschlagenen Teilung des Rechtsstudiums neue schöne Aufgaben und beglückende größere Anforderungen herantreten, die unserem Beruf eine neue Würze geben und vielleicht mehr Kräften als bisher den Wunsch erregen möchten, sich ihm zuzuwenden — ist doch leider der Dozenten-Nachwuchs in manchen Fächern viel zu gering. Ja mir ist, als müßte unseren Rechtsfakultäten geradezu etwas wie ein neuer Frühling erblühen! Und ich meine das für beide Studienzeiten gleichmäßig. Die Lehraufgaben für die zweite Studienzeit würden wie gesagt vermehrt und vertieft werden. Es wird aufs neue wirkliche Wissenschaft auch vor größeren Zuhörerkreisen getrieben werden können, denn es wird der Sinn da sein, sie aufzunehmen; mit mehr Freude und Befriedigung als bisher wird der Rechtslehrer seines Amtes walten, denn er darf gewiß sein, dem Referendar das bieten und das nützen zu können, was er ihm heute tatsächlich nicht bieten und nicht nützen kann; aber auch sein Verantwortungsgefühl wird sich notwendig heben, da er vor jungen Männern zu sprechen hat, die bereits eigene praktische Erfahrung und stärkere Kritik besitzen. Nicht als ob an die Stelle theoretischer Vertiefung nunmehr „Abrichtung" für die Praxis treten sollte, ganz im Gegenteil! Nur wird alles Theoretische stärker auf seinen endlichen und letzten Wert für die lebendige Gegenwart geprüft werden müssen; zurückweichen wird nur die schlechte und unfruchtbare Theorie, die den Hörer mit entbehrlichen Begriffsschöpfungen und belanglosen Unterscheidungen beschwert und Rechtsgrundsätze für Fälle ausklügelt, die nie vorkommen. Freilich werden die neuen Anforderungen zum

Teil auch eine andere Vorbildung der Rechtslehrer bedingen. Niemand wird mehr praktisches Recht vortragen können, der nicht in seiner Anwendung wirklich zu Hause ist — vielleicht hat das übrigens die Folge, daß öfter als bisher auch bedeutende Praktiker, die sich eines Lehrtalents bewußt sind, den Übergang in die akademische Laufbahn vollziehen, was von besonderem Wert wäre. Je mehr aber die Fakultäten das leisten und geben, was für die Praxis unentbehrlich ist, desto höher wird auch die Achtung vor ihnen steigen, und der immer noch aus der Zeit vor dem neuen Recht unheilvoll nachwirkende Zwiespalt zwischen Theoretikern und Praktikern wird verschwinden müssen, da einer des anderen Leistungen mehr verstehen und würdigen kann.

Aber auch die Tätigkeit in der ersten Studienzeit wird an Reiz und Wert gewinnen. Es würde ein Mißverständnis sein zu meinen, mit jener Teilung des Universitätsstudiums würden Rechtslehrer „erster und zweiter Klasse" geschaffen werden. Das ist schon rein äußerlich genommen falsch: die angegebenen Stundenziffern zeigen, daß unter regelmäßigen Verhältnissen der Rechtslehrer, der für die jüngeren Studierenden Vorlesungen hält, auch an dem Unterricht für die älteren beteiligt sein muß, wenn schon natürlich der einzelne Lehrer die eine oder die andere Seite der Tätigkeit bevorzugen mag, denn gerade in dieser Richtung sind wie die Neigungen so auch die Begabungen verschieden. Aber auch sachlich kann von einer größeren Wertschätzung der einen Tätigkeit gegenüber der anderen keine Rede sein. Von aller Lehrkunst ist die Kunst des Anfängerunterrichts die gefährlichste und darum in gewissem Sinn auch die schwerste. Nur aus vollkommener Beherrschung des ganzen Faches, aus der reichsten Fülle theoretischer Kenntnisse und einem lebendigen Verständnis der Praxis heraus kann die rechte Auswahl des dem Anfänger Mitzuteilenden, kann auch die rechte Anschaulichkeit gewonnen werden. Dazu werden an die Weite des Horizonts und an die Gabe der Darstellung besonders große Anforderungen erhoben. Und gerade darum erscheint mir die hier gestellte Aufgabe unendlich anziehend: „zum Sehen geboren, zum Schauen bestellt" soll der Lehrende von hoher Warte aus die großen Zusammenhänge der rechtlichen Erscheinungen untereinander und mit den anderen Geistesgebieten aufzeigen und so ein Verständnis für die Größe und den Wert des Gegenstands und Liebe zu seinem Studium erwecken. Juristische Bildung allein wird freilich für einen Rechtslehrer, der solche Aufgaben gut erfüllen will, nicht genügen!

Ja ich meine, man kann die Wichtigkeit dieser großen Einführungsvorlesung gar nicht hoch genug veranschlagen; mit dieser Vorlesung würde eine, wie ich glaube äußerst empfindliche Lücke unserer allgemeinen Bildungseinrichtungen geschlossen werden — darauf möchte ich hier am Schluß, den Blick von der engeren Frage der Juristenvorbildung weiter hinauswendend, noch mit einigen Worten hinweisen. Vielfach besteht auch für Nichtjuristen das Bedürfnis, sich die Grundvorstellungen des Rechts zu eigen zu machen und über die hauptsächliche Einrichtung des Rechtslebens Kenntnis zu gewinnen. Unter den jungen gebildeten Kaufleuten insbesondere tritt dieses Bedürfnis in immer steigendem Maße hervor: der rege Besuch auch der juristischen Vorlesungen auf den Handelshochschulen beweist dies. Ebenso besteht das Bedürfnis auch für Studierende anderer Fakultäten, so für Historiker, Philologen, Philosophen — wie nötig ist ihnen einige juristische Kenntnis! Für höhere Postbeamte und Telegraphenbeamte sowie Bergbeamte endlich wird der Besuch juristischer Vorlesungen, in denen sie sich eine Kenntnis der Grundeinrichtungen des Rechts erwerben sollen, sogar gefordert. Aber allen diesen bietet die Universität durchaus nicht das, was sie brauchen. Die Studieneinrichtung der juristischen Fakultäten ist heute auf ein zusammenhängendes sechssemestriges Studium berechnet. Wer dem Studium bloß kürzere Zeit widmen kann, der erhält nicht, wie er es möchte, eine Übersicht über das Insgesamt des Rechts, nur mit Fortlassung all der rein technischen Dinge und all der Einzelheiten und Feinheiten, die für die Ausübung des juristischen Berufes notwendig, für ihn selbst aber entbehrlich sind, sondern er bekommt, wie ja auf der Hand liegt, einzelne Stücke, diese freilich in voller Ausdehnung, aber doch verhältnismäßig wertlos, weil sie eben nur Stücke sind und sich zu keinem Ganzen verbinden. Das Zuviel des auf der Universität Gebotenen wird hier zu einem Fehler des Angebots. Die Erfahrung zeigt denn auch — wenigstens die meinige, und sie wird mir von vielen Seiten bestätigt —, daß jene künftigen nichtjuristischen Beamten, die doch etwas Jurisprudenz studieren sollen, den Besuch der juristischen Vorlesungen meist ganz vernachlässigen. Wie selten ist es ferner, daß auch Angehörige der philosophischen Fakultät juristische Vorlesungen besuchen — sie finden hier eben nicht das, was sie suchen. Und wenn unsere Fürstensöhne die Universität beziehen, nicht um später Juristen zu werden, sondern um sich, wie es sich ziemt, die Grundkenntnis auch des rechtlichen und wirtschaftlichen Lebens zu verschaffen, so sind sie darauf angewiesen, statt die allgemeinen juristischen Vorlesungen zu benutzen, sich besondere kürzere, übersichtlich gehaltene Vorlesungen zu verschaffen. Das geschah und geschieht nicht etwa, weil ihre Vorbildung ihnen nicht ebensogut wie jedem anderen Studierenden erlaubte, die allgemeinen Vorlesungen zu hören, sondern weil diese ihnen nicht das bieten, was sie brauchen. Ebensowenig finden die jungen Kaufleute bei uns die erwünschte Bildungsmöglichkeit in rechtlichen Dingen. Hätte die Universität sich rechtzeitig auf ihre große Aufgabe besonnen, nicht bloß in vornehmer Abgeschlossenheit dem künftigen juristischen Fachmann Lernmöglichkeit zu gewähren, sondern allen, die eine genügende

Vorbildung von der Schule mitbringen, das für ihren besonderen Beruf notwendige Allgemeinwissen auch im Gebiete des Rechts zu übermitteln, so würde das Bedürfnis insbesondere nach Handelshochschulen niemals so stark hervorgetreten sein, wie es jetzt der Fall ist. Nun kann man ja freilich sagen: es ist für die Sache vollkommen gleichgültig, ob der junge Kaufmann sich seine juristischen Kenntnisse auf einer Handelshochschule oder an einer Universität erwirbt, — aber ohne den ausgezeichneten Leistungen der Handelshochschulen zu nahe treten zu wollen, darf man doch sagen: gerade in der Jurisprudenz kann die Universität das Erforderliche besser leisten. Wer auf einer Handelshochschule juristische Vorlesungen hält, tut das nur im Nebenamt. Der juristische Unterricht wird aber von demjenigen, der sein Leben der Kunst des Lehrens gewidmet hat, der Regel nach besser erteilt werden können als von dem, der, mag er auch ein ganz hervorragender Jurist sein, doch als Lehrer nur Laie ist — die Vorstellung, als ob das Lehrenkönnen sich bei Sachkenntnis von selbst verstehe, sollte doch endlich aufgegeben werden!

Anders würde das alles, wenn das Studium in der von mir vorgeschlagenen Weise geteilt würde. Die für die ersten drei Semester berechneten Einführungsvorlesungen würden genau das bieten, was der künftige höhere Bergbeamte, der Post- und Telegraphenbeamte, was der gebildete Kaufmann, ja, was jeder Gebildete, der sich einen Überblick über die Wirklichkeit verschaffen will, brauchen kann. Wenn aber eine solche juristische Elementarbildung mehr verbreitet wird, so kommt das schließlich dem Juristenstand selbst zu gute, und darum ist es ein schweres Unrecht, wenn Universitätslehrer in scheinbar größerer wissenschaftlicher Vornehmheit sich solchem Lehrbetrieb gegenüber ablehnend verhalten und meinen, das alles liege unter der Würde der Universität, die nur die volle wissenschaftliche Fachbildung zu vermitteln habe. Wenn wir uns derartig gegen allgemeinere Bildungsbedürfnisse verschließen, so werden wir Universitätslehrer uns eines Tages mit all unserer Gelehrsamkeit weitab vom Strom des wirklichen Lebens in einem Altersasyl wiederfinden. Außerdem: wir sorgen für die künftige Wirksamkeit der Juristen auch dadurch, daß wir ihr Hemmnisse aus dem Weg räumen; je mehr Personen aber eine Ahnung von den Wegen und Aufgaben der juristischen Kunst haben, desto mehr Verständnis wird auch den Leistungen der Richter, Anwälte und Verwaltungsbeamten zuteil werden; damit aber wird vieles von der Entfremdung zwischen den Juristen und Nichtjuristen und vieles von den Angriffen gegen die Juristen, wogegen wir heute als gegen eine schwere Gefährdung unserer Wirksamkeit kämpfen müssen, verschwinden. Das meiste davon beruht ja nur auf Unkenntnis oder Mißkenntnis der juristischen Tätigkeit — pflegt doch der Laie, selbst wo er recht hat über Mißstände zu klagen, die Vorwürfe, die er dem Gesetzgeber machen sollte, immer nur gegen den Richter zu erheben.

IV.

Doch es gilt hier nicht zu überreden, sondern zu überzeugen, und so muß ich auch die Frage aufwerfen, welche Gegengründe wohl — außer den schon gelegentlich berührten — gegen meinen Vorschlag geltend zu machen wären. Ernsthaft zu nehmen ist hier nur eins: man wird auf die Gefahr hinweisen, daß der Referendar, wenn er auf die Universität zurückkehrt, das studentische Leben der ersten drei Semester mit allen seinen jugendlichen, liebenswürdigen und unliebenswürdigen Schönheiten und Torheiten wieder aufnehmen, und, wenn er vorher als junger Student seine Zeit vergeudet habe, nunmehr in der zweiten Studienhälfte in die süße Gewohnheit des Nichtstuns zurückfallen werde. Wäre dies wirklich allgemein zu befürchten, so würde mein Vorschlag unannehmbar sein: wir hätten dann den heutigen Zustand nur verschlimmert. Daß nun einzelne so verfahren werden, daran zu zweifeln bin ich nicht optimistisch genug. Aber diese Befürchtung wirklich allgemein hegen, hieße zugeben, daß von unserer deutschen Jugend überhaupt nichts mehr zu erwarten sei. Ich glaube, man muß hier Vertrauen schenken und den Versuch wagen: so wie es ist, kann es ja jedenfalls nicht bleiben. Wer künftig das zweite Studium beginnt, ist mindestens $3^{1}/_{2}$ Jahre, ja wenn er inzwischen im Heer gedient hat, $4^{1}/_{2}$ Jahre älter als der heute beginnende Student, durchschnittlich also wird er auch um so viel reifer und ernster sei. Zudem hat er in der vorangegangenen Zeit am Gericht, bei richtiger Leitung dort, bereits die Gewohnheit juristischer Beschäftigung und — wenigstens in der Mehrzahl der Fälle — ein begründetes Interesse an der Sache erworben, das ihn von selbst zur Arbeit hinziehen wird. Die gleiche Gefahr würde doch auch heute schon für die Referendare bestehen, die an Gerichten der Universitätsstädte tätig sind, an denen sie ja — ich denke z. B. an die Verhältnisse in Bonn — meist auch studiert haben. Und zeigt sich hier, daß sie, etwa als inaktive Mitglieder ihrer einstigen Verbindung, das studentische Leben in ungünstigem Sinne fortsetzen? Soviel ich weiß, kommt das kaum vor: wir brauchen es also auch von den künftigen studierenden Referendaren nicht zu befürchten. Es ist im Gegenteil zu hoffen, daß die Anwesenheit der Referendare auf der Universität zur Veredlung und Vertiefung des gesamten studentischen Lebens auch in der ersten Studienzeit dienen wird. Wenn sich insbesondere die älteren den studentischen Verbindungen, denen sie einst angehört haben, nunmehr als „Inaktive" wieder anschließen, so kann das von wohltätigstem Einfluß auf das gesamte Verbindungsleben sein und damit dessen Weiterbestand sichern, den wir ja doch — in geläuterter Weise — seines erzieherischen Einflusses halber wünschen müssen.

Daß aus dem Zusammenleben der älteren und der jüngeren Studierenden auf der Universität sich Schwierigkeiten ergeben werden, befürchte ich nicht. Soweit sie sich anfänglich zeigen sollten, würden sie wohl kaum Dauer haben.

Begründeter mag vielleicht die Sorge sein, daß die Studierenden der zweiten Studienhälfte in allzu starker Zahl die Universitäten der Großstädte aufsuchen werden, wo sich ein reicheres Genußleben erschließt und wo — dies gilt insbesondere von Berlin wegen der Nähe der Kommission für die große Staatsprüfung — die Schar der Prüfungsrepetitoren sich einnisten wird. Diese Gefahr würde stärker sein, wenn die große Staatsprüfung unmittelbar auf das zweite Studium folgte. Sie ist geringer, da der Studierende dazwischen noch erst ein Jahr wieder praktisch, also zumeist in der Provinz arbeiten muß. Aber wir dürfen überhaupt hoffen, daß es Studierende genug geben wird, welche die kleinere Universitätsstadt vorziehen werden, weil sie eine lebendigere Fühlung mit den Rechtslehrern, einen regeren wissenschaftlichen Austausch zwischen den Studierenden selbst und eine stärkere Ausnutzung der Lehreinrichtungen ermöglicht. Auch die älteren Mediziner bleiben ja aus gleichem Grunde gern an den kleineren Universitäten — freilich können sie hier auch ihre Staatsprüfung machen. Entgegenwirken wird dem Abströmen nach Berlin endlich auch, daß bei der vorgeschlagenen Neueinrichtung die Persönlichkeit der einzelnen Rechtslehrer wieder von größerem Gewicht sein wird. Der Student von heute sucht in der großen Mehrzahl in seinen jungen Semestern die Universität nicht des Lehrers halber, sondern aus ganz anderen Gründen auf; er weiß ja von diesen Lehrern noch gar nichts und kann gar nicht beurteilen, wohin er sich wenden soll. In den späteren Semestern aber, in denen er schon einsieht, wie wichtig die Person des Lehrers ist, und in denen er die Werte auf dem Lehrmarkte kennt, würde er wohl geneigt sein, eine Universität gerade eines bestimmten Lehrers halber aufzusuchen, aber in dieser Zeit ist ihm bei dem heutigen Kasernierungssystem mit Rücksicht auf die erste juristische Prüfung eine Freiheit der Wahl tatsächlich kaum noch gelassen. Diese Freiheit würde bei der Neueinrichtung dem älteren Studierenden ohne Schaden wiedergegeben werden können, da ja die letzte Prüfung von einem jeden in Berlin abgelegt werden muß. Welcher Zuwachs an Idealität, welche Steigerung der Kräfte im befreiten Wettbewerb dies für die Universitäten bedeuten würde, liegt auf der Hand.

Eine Neuordnung, wie ich sie in ihren Grundlinien gezeichnet habe, würde dem § 2 des G.V.G. widersprechen; dieser § 2 wäre also zu ändern, aber nicht in dem Sinne, daß die Neuordnung reichsgesetzlich eingeführt, sondern nur so, daß sie den einzelnen Bundesstaaten ermöglicht würde: es würde genügen, zu sagen, in den einzelnen Bundesstaaten könne bestimmt werden, daß das Universitätsstudium ganz oder teilweise erst nach dem Vorbereitungsdienst oder nach einem Teil des Vorbereitungsdienstes erfolgen solle. Geht Preußen mit einer solchen Reform voran und bewährt sie sich, so werden die anderen Bundesstaaten von selbst folgen.

Daß eine Neuordnung der gesamten juristischen Vorbereitung einmal kommen wird, und zwar in der angegebenen Richtungslinie, wenn auch im einzelnen vielleicht anders gestaltet, daran habe ich keinen Zweifel, mag auch noch viel Wasser vorher unseren schönen Rhein hinabfließen: der Zwang der Verhältnisse ist so groß, daß man von selbst auf den Weg einer Reform gedrängt werden wird. Mit einer solchen Reform würden wir uns einen Beamtenstand schaffen können, wie er besser in der Welt jedenfalls nicht vorhanden sein wird — möge es bald dahin kommen!

Printed by Libri Plureos GmbH
in Hamburg, Germany